Y.5981

DISCOVRS
AV VRAY DV BALLET
DANSÉ PAR LE ROY,
LE DIMANCHE XXIXE IOVR
DE IANVIER. M. VI.^C XVII.

Auec les desseins, tant des machines & apparences differentes, que de tous les habits des Masques.

leS. Durand Controlleur Provincial des Guerres Inventeur du Ballet dont le Sujet est La Delivrance de Renaud.

Il y a des Vers du S. Guedron et du S. Bordier je ne doute pas qu'il n'y en ait beaucoup du S. Durand.

la Musique est du S. Guedron Intendant de la musique de Sa M.^{té} et en partie du S. Mauduit.

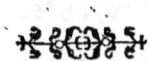

A PARIS,

Par PIERRE BALLARD, Imprimeur de la Musique du Roy, demeurant ruë sainct Iean de Beauuais, à l'enseigne du mont Parnasse.

1617.

Auec Priuilege de sa Majesté.

AV ROY.

IRE,

Armide s'apparut il y a quelque temps à moy, & me fit des reproches de ce que n'estant pas contant que le Tasso eust fait voir ses passions sur les plus renommez theatres du monde, je les auois encores fait seruir de sujét de ballet, pour faire rire les beautez de vostre Court de l'impuissance de la sienne: Mais quand je luy dis que vostre Majesté, (Amoureuse des grandes actions) auoit choisi la deliurance de Renault, parmy beaucoup d'autres sujéts que je luy auois presentez, & que s'il estoit encores prisonnier vous iriez vous mesme le tirer de ses mains, elle changea de langage, pour m'asseurer qu'autant que sa perte luy auoit esté honteuse autant elle tenoit à gloire que vous y eussiez pris plaisir. J'auoüe que la grace qu'elle eust à me donner cette asseurance ayda beaucoup a me faire croire que si vostre Majesté s'estoit seruie de moy en l'inuention & disposition de son Ballet, elle n'auroit point desagreable que j'en publiaße la beauté. Mais quand je conus que la Cour déja glorieuse en la posseßion d'vn si grand Monarque, mouroit d'enuie d'auoir en ses mains de quoy se souuenir que luy mesme s'estoit abaißé pour luy plaire, j'entrepris plus hardiment de faire voir au jour ces prophetiques plaisirs d'vne nuit si gayement paßée, & les adreßes maintenant à vostre Majesté, afin que son nom les deffende contre le temps qui semble deja les auoir enuieillis, & que daignant voir ce qu'elle a pris plaisir de faire, elle authorise les tres-humbles seruices que luy a rendus, & desire rendre toute sa vie.

Son tres-humble & tres-fidelle
suject,

DVRAND.

DISCOVRS
AV VRAY DV BALLET
DANSÉ PAR LE ROY,
LE DIMANCHE XXIX.e IOVR
DE IANVIER. M. VI.c XVII.

Auec les desseins, tant des machines & apparences differentes, que de tous les habits des Masques.

CE n'estoit point assez que Renault eust autre-fois esté deliuré des charmeuses prisons d'Armide, il falloit encores que les deux plus grandes & plus vertueuses Reynes du monde vissent representer sa deliurance, afin qu'apres leur jugement personne n'acculast plus Renault de perfidie, ou ne plaignit Armide d'auoir perdu ce qu'elle aymoit imprudemment. Déja leurs Majestez l'auoyent plusieurs fois condamnée, & toutes leurs actions montroyent que si elles estimoyent en Armide le sexe qui leur estoit commun, elles y blasmoyent les voluptez & les tromperies qu'elles eussent voulu n'estre point sçeües. Le Roy mesme, qui peut (ce semble) donner plus de licence aux apetits, a fait conoistre a tout le monde, qu'il n'eſtimoit aucune volupté loüable que celle qui naiſſoit de la vertu, en voulant que la deliurance de Renault fut le ſujét de ſes plaiſirs: plaiſirs vrayement Royaux & digne d'vne telle Majeſté que la ſienne: car ſi la ſumptuoſité des appareils eſtōna tous ceux qui les virent, l'ordre gardé dans la ſalle, la rauiſſante Majeſté des Reynes, le grand nombre des Princeſſes parées, la magnifique beauté des autres Dames, les diamants entaſſez ſur les habits, & les coiffures, & la judicieuſe conduitte des differens ballets, firent auoüer aux plus mediſans que pour cette fois il leur falloit taire (s'ils ne vouloyent changer de langage) & les autres qui donnent aux choſes ce qu'elles meritent, ne ſe peurent tenir d'auoüer qu'ils euſſent eſté fachez que Renault n'euſt point eſté priſonnier, pour eſtre deliuré de la ſorte.

Rien n'eſtoit encores paru qu'vne grande perſpectiue de Palais & payſage reculé, qui cachoit le Iardin d'Armide a tous les ſpectateurs, quand on entendit vn grand concert de muſique, dont les concertans eſtoyent cachez, & pouuoyent neantmoins voir toute l'aſſemblée au trauers des fueillages qui les couuroyent: Cette muſique compoſée de ſoixante & quatre voix, vingt-huict Violles, & quatorze Luths, eſtoit conduite par le ſieur Mauduit, & tellement concertée qu'il ſembloit que tout enſemble ne fût qu'vne voix, ou pluſtoſt que ce fuſſent ces oyſeaux qu'Armide laiſſoit a l'entour de Renault pour l'entretenir en ſon abſence, ayant pouuoir de contre-faire les voix humaines, & de chanter les plaiſirs de l'amour, auec les perſuaſions contenues en ſes vers, (faits & mis en muſique par le ſieur Guedron Intendant de la muſique de ſa Majeſté.)

A iij

BALLET

CEtte Musique cessant au signal que le Roy luy fit donner, se perdit la perspectiue premiere qui la cachoit, & parut la montaigne pourtraicte en la premiere planche qui se verra cy apres. Renault (representé par Monsieur de Luynes premier Gentilhomme de la chambre de sa Majesté & son Lieutenant general au Gouuernement de Normandie) estoit couché sur l'herbe & sur les fleurs, au dedans d'vne grotte enfoncée dans le milieu de cette montaigne: Au dessus & a l'entour de cette grotte estoit sa Majesté, accompagnée de douze Seigneurs, representant autant de Démons laissez par Armide a la garde de son bien aymé, auec charge de luy faire passer le temps en tous les delices imaginables. A chacun des costez de cette Montaigne, estoit vne Roche se perdant dans les nuës, qui sembloyent rouller au dessus. Et tout ensemble auec les boccages des costez, (ou se cachoit le corps de la Musique precedente) occupoit la largeur de la grande salle du Louure ou fut faitte cette action.

Pas vn ne vit cette Montaigne ornée d'vne si bizarre beauté, remplie de personnes si inuentiuement masquées & vestues, & si claire par les brillans, & broderies rejalissantes contre les flambeaux opposez, qui ne creut estre en quelque agreable songe, ou qui ne prit pour Démons veritables ceux qui les representoyent seulement.

DV ROY.

I.

BALLET

CE ne fut pas sans choix ny raison que le Roy voulut representer icy le Demon du feu & se couurir de flames comme il est pourtraict en la seconde planche, car outre que sa Majesté voulut faire voir à la Reyne sa femme, quelque representation des feux qu'il sentoit pour elle, il se vestit encores de la sorte a desseing de tesmoigner sa bonté a ses sujets, sa puissance a ses ennemis, & sa Majesté aux estrangers, il sçauoit bien, que c'est le propre du feu d'épurer les corps impurs & de reünir les choses Homogenées & semblables, separant l'or & l'argent de toute autre matiere moins noble & moins riche, comme c'est le principal desir de sa Majesté, de r'apeler tous ses sujets a leur deuoir, & les purger de tous pretextes de desobeissance. Il sçauoit bien dis-je que le feu court apres la matiere combustible, & ne consomme rien en son lieu naturel, ains sert a l'entretien des creatures inferieures & donne contentement a ceux qui le voyent d'vne distance proportionnée : de mesme que sa Majesté destruict facillement ceux qui l'outragent, & n'employe son authorité qu'a la conseruation de ses peuples, ou l'agrandissement de ceux qui l'aprochent, auec le respec qui luy est deu : Bref il cognoissoit que le feu est le plus esleué de tous les Elemens, comme luy le plus grand de tous les hommes, que le feu ne peut estre enfermé, ny borné, que de ses bornes naturelles. Comme luy ne peut estre limité que par la puissance diuine & sa propre volonté. Et que les esprits qui sont les plus proches de Dieu entre les Hierachies cœlestes, estant appellez Seraphins, qui signifie feu eschauffant. Il doit aussi affecter vne qualité si agreable à Dieu mesme, comme estant le plus proche & le plus aymé de luy parmy les hommes.

DV ROY.

C'eſt pour toutes ſes raiſons qu'il ſe voulut couurir de flammes, & ſes flammes eſtoyent eſmaillées & faites auec vn tel artifice, que le feu meſmes ſe rendoit plus eſclatant par elles, lors que les rayons des flambeaux innombrables de la ſalle eſtoyent adreſſez deſſus, & que ceux qui les regardoyent en reçeuoyent la reflexion. Son maſque & ſa coiffure eſtoyent de meſme compoſition que ſon habit, & n'euſt eſté la douceur extreſme de ſes actions on euſt creu que deſlors ſa Majeſté s'eſtoit couuerte de feu pour conſommer ſes ennemis.

Ainſi veſtuë & couuerte de flammes, elle deſcendit les degrez d'vn petit theatre eſleué de trois pieds ſeulement, au ſon de vingt-quatre Violons repreſentant autant d'eſpris, logez en vne Niche ſeparée pour ſeruir aux differens actes du Ballet, & comme ſi ſa Majeſté euſt repris Renault d'eſtre ſorty ſans ſon congé (par ce que des-ja il s'eſtoit auancé dans la ſalle) elle le ramena juſques au milieu, & dança auec luy juſqu'a ce que Monſieur le Cheualier de Vendoſme, (repreſentant le Demon des eaux) & Monſieur de Mompoullan (vn eſprit de l'air) deſcendirent de la Montaigne pour les venir joindre. Tous quatre ſont ſignalez par differens nombres en la ſeconde planche, ſa Majeſté par l'vnité, Monſieur de Luynes par 2. Monſieur le Cheualier par 3. Monſieur de Mompoullan par 4. & chacun des pourtraicts exprime ſi naïfuement leurs habits que la deſcription en reſtant inutile, c'eſt aſſez de dire que leur entrée fut ornée de ſi belles dances, ſi diuerſes figures, & ſi follaſtres actions, qu'ils laiſſerent à ceux qui les veirent vne creance de ne pouuoir rien voir de mieux, & aux autres maſques vne aprehenſion de n'auoir plus dequoy ſe pouuoir faire regarder.

B ij

BALLET

DV ROY.

TAndis qu'ils acheuoyent leur Ballet, & que des-ja Renault se voulant reposer s'acheminoit vers sa grotte, Monsieur le Conte de la Roche-guyon (pour le Demon de la Chasse marqué 5. en la planche suiuante) & Monsieur le General des Galleres (tenant lieu du Demon des foux marqué 6.) descendirent de la mesme Montaigne, dont estoit sortie sa Majesté & sa suitte; mais si l'inuention de leur habit fut extrauagante & gentille, la justesse de leur dance, & le rapport de leurs gestes, fut autant inimitable, que les premiers s'estoyent creus sans comparaison : on douta long temps s'ils n'auoyent point apris quelque chose des Demons mesmes, & si les hommes pouuoyent auoir autant de promtitude & de conduitte tout ensemble.

B iij

BALLET

DV ROY.

MAis quand ces seconds cesserent de dancer, & que Monsieur de Liancourt (representant vn esprit follét signallé en la planche suyuante par 7. (Monsieur de Blinuille) le Demon du jeu par 8. (Monsieur de Challais) celuy des auaricieux par 9.) & Monsieur de Humieres (celuy des Vilageoises aussi remarqué par 10.) quand dis je ces quatre nouueaux Demons, descendirent de leur Montaigne, pour venir chercher Renault qu'ils ne voyoyent plus; les regardans estonnez de ce qu'ils auoyent veu reuinrent a eux par l'estonnement de ce qu'ils voyoyent, & l'extraordinaire disposition des personnes, joincte à la bizarre rencontre des habits, auec la difficulté des pas si facilement surmontée, firent auoüer a tous que la merueille surpassoit de bien loing la creance qu'ils auoyent euë de leur perfection.

BALLET

DV ROY.

ENcores la bonne fortune de l'assemblée ne s'arresta telle pas au plaisir que leur donna cette troisiesme entrée : vne quatriesme (representée en la cinquiesme planche) la suyuit & luy fit dire que les admirations estoyent vaynes, ou les miracles se suyuoyent. Monsieur le Marquis de Courtanuault (au lieu d'vn esprit adrien, marqué 11.) Monsieur le Conte de la Roche-foucaut (comme le Demon de la Vanité, marqué 12.) Monsieur de Brantes pour le Demon des Mores, marqué 13. (& Monsieur le Baron de Palluau (representant le Demon de la Guerre, marqué 14.) furent les quatres qui sortirent les derniers de la Montaigne : mais ils ne furent pas les derniers en l'estime que l'on fit des personnes & des actions, l'ordre gardé dans leurs dances, la Majesté de leurs habits, & la beauté de leurs figures, fit quasi oublier ce qu'auparauant on auoir admiré, & chacun ne sçauoit a quoy se plaire pour auoir trop de plaisir.

BALLET

VN nouuel ayſe fit bien toſt perdre ce doute: car Renault reſortit de ſa grotte auec tous les Demons qui l'auoyent cherché ou ſuiuy, & ſe joignands tous auec les quatre reſtans, danſerent vn Ballet de quatorze, ſi different des premiers en nombre, & en beauté, qu'il euſt tout ſeul les aplaudiſſemens qu'auoyent eu tous les autres, & qu'en finiſſant on ſe plaignit qu'il auoit trop peu duré. Tous les Demons ſeuanoüirent, & lors ſe commença la deliurance de Renault: car deux Caualliers (armez a l'antique, & marquez en la planche ſuyuante par 15. & 16. l'vn portant vne baguette, & l'autre vne carte auec vn eſcu argenté & luyſant comme vn Miroir,) entrerent par dedans vne fueillée eſleuée a coſté de cette Montaigne, & dancerent quelque temps ſous vn air de Trompette, ſi artificieux & ſi beau qu'on euſt ſouhaitté ne l'entendre jamais finir. Ces Cheualliers (n'ayant autre but que la deliurance de Renault) n'eurent pas long temps paru dans la ſalle qu'ils ſe retournerent vers la grotte premiere ou cét Heros auoit paru. Armide qui n'en eſtoit ſortie qu'apres auoir diſpoſé ſes Demons à ſa garde, leur fit voir à l'abbort le premier effect de ſes charmes: car cette Montaigne ſe tourna d'elle meſme, les Rochers des coſtez ſecoüerent leurs teſtes qui ſembloyent immobiles, tout changea d'vn inſtant, & en leur place parut ce qui eſt repreſenté en la ſixieſme planche. Sçauoir de beaux Iardinages occupans la largeur de la ſalle & dans ces Iardins trois grandes fonteynes ruſtiques. Celle du milieu jettoit ſon eau d'vne trompe en Niche, eſleuée au deſſus d'vn baſſin dont les gargoulles jalliſſoyent contre la trompe comme ſi elles euſſent eſté faſchées qu'elle leur derobaſt la veuë du Ciel qu'elle leur cachoit. Les deux fonteynes des coſtez piſſoyent a trauers le ſtucq incruſté

C ij

BALLET

sur le pendant d'vne Roche, qui sembloit preste a tomber sur les bassins entourés de petits arbrisseaux, & d'vn nombre infini de fleurs.

La nouueauté de cét aspec arresta quelque temps les Caualliers: mais se resouuenant des aduis qu'on leur auoit donnez, ils se seruirent de leur baguette, pour destruire ces magiques puissances d'Armide, au premier coup que ses fonteynes en reçeurent, toutes trois se fixerent, l'eau cessa mesme de couller, & l'or esclattant dont elles estoyent enrichies, perdit le plus beau de son lustre. Vn nouueau charme encore leur donna nouuel estonnement, car vne Nimphe escheuellée & toute nuë sortit du bassin de la fonteyne du milieu, & tandis que les Caualliers cherchoyent passage, pour entrer dans le Iardin, elle chanta ces vers faits par Bordier, recitez par vn des pages de la Musique du Roy.

BOESSET.   DV ROY.   11

*V*elle pointe de jalousie   Vous a mis en
la fan- ta-si- e,   De troubler des   amans qui libres
& con- tens Cueillent la fleur de leur printems.

TOVRNEZ POVR LES PAROLLES.   C iij

BALLET

Laissez Renault loing des armées,
   Qui sont dans les champs Idumées,
   Il doit, jeune qu'il est, donner à son desir
   Moins de gloire & plus de plaisir.

Amour, dont son cœur est le temple,
   L'empesche de suiure l'exemple
   De ces foibles esprits qui rendent leur bon-heur
   Suject aux loix du poinct d'Honneur.

Il doit plustost faire la guerre
   Sous Amour qui peuple la terre,
   Que de perdre la fleur de ses jours les plus beaux
   Sous Mars qui peuple les tombeaux.

Ce Dieu causant mile supplices,
   Il vaut mieux parmy les delices
   Auoir de son viuant quelque doux reconfort,
   Que des Autels apres sa mort.

Puis que l'homme retourne en poudre,
   Pour sa gloire il se doit resoudre
   De repaistre plustost les flames d'vn bel œil,
   Que les vers qui sont au cercueil.

DV ROY.

D'Autres que ces Caualliers eussent esté arrestez par la douceur de la voix ou la beauté de la Nimphe : mais leurs oreilles & les veuës estoyent bouchées, & leurs baguettes supleant à leur courage, (qui leur deffendoit d'employer des armes sur vne femme belle & nuë comme estoit celle là) ils la forcerent de se replonger en l'eau dont elle estoit sortie pour les arrester.

BALLET

6

DV ROY.

AVssi-tost parurent six differens Monstres pourtraicts en la septiesme planche, deux desquels auoyent la teste, les aysles, & les pieds de Hiboux, auec le reste du corps couuert d'vn habit de Iurisconsulte, sçauoir d'vn bonnét quarré, d'vne soutanne, & d'vne robbe noire: deux autres auoyent la teste, les bras, & les jambes de Chien, le reste du corps rapportant a vn païsan: & les deux derniers ayant teste, bras, & jambes de Singe, representoyent vne fille de chambre, jeune & parée selon l'vsage present. Ces Monstres plaisans & difformes tout ensemble, attaquerent les deux Cauulliers, comme ils entroyent dé-ja dans le Iardin, & eux leur resistant par les armes, & par la puissance de la baguette, leur contraste donna lieu a vn Ballet de bouffonnerie & de grauité entre-meslée, qui n'eust pas la derniere place en la loüange de ceux qui les regarderent.

D

BALLET

DVROY.

EN fin il s'acheua comme les precedens, & s'acheuant les Monstres s'enfuyrent tandis que Renault transporté d'ayse, en la possession de son Armide, estoit couché sur les fleurs que l'eau de ses fonteynes arrousoit en tombant, & chantoit ces vers faits par Durand.

D ij

BATAILLE. BALLET

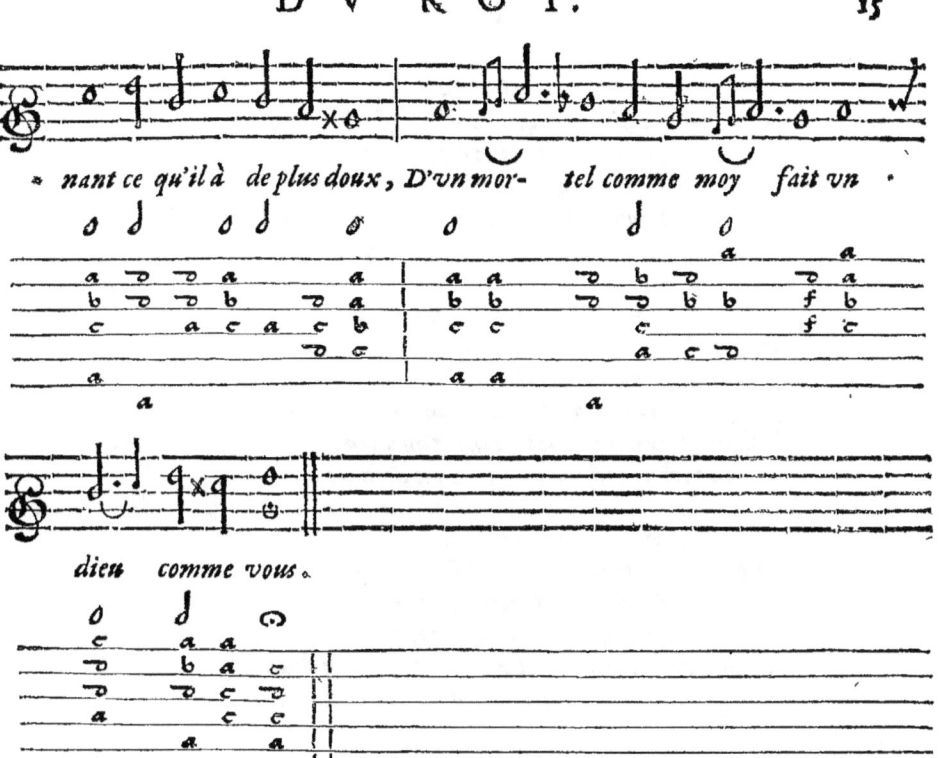

Si la clairté d'vn beau soleil
Le soir & le matin luit à vostre demeure,
Dedans les attraits d'vn bel œil,
Ie puis reconoistre à toute heure,
Qu'Amour voulant donner ce qu'il à de plus doux
D'vn mortel comme moy fait vn dieu comme vous.

TOVRNEZ POVR LE RESTE DES PAROLLES.

BALLET

Armide mon plus cher soucy
Estraint ma liberté d'vn nœud si desirable,
    Que n'estant point captif ainsi
    Ie croirois estre miserable,
Et ses yeux tou-puissans ont des charmes si doux
Que leur seule vertu me fait dieu comme vous.

    Mais helas ! jaloux de mon mieux
Vous m'ostez si souuent les regards de ma belle,
    Qu'il faut croire que dans les Cieux
    Vous mourez tous d'amour pour elle,
Où que vous ne pouuez souffrir qu'vn œil si doux,
D'vn mortel comme moy face vn dicu comme vous.

    Au moins si vostre cruauté
Pour auoir trop osé me veut faire la guerre,
    Faites moy reuoir sa beauté,
    Et puis m'effacez de la terre,
Pourueu que je trépasse aupres d'vn œil si doux
Ie ne me croiray point estre moins dieu que vous.

LEs Caualliers plains d'ayſe & d'ardeur en la rencontre de ce qu'ils cherchoyent, s'arreſterent tout court a l'entrée de ce Iardin, & faiſant voir Renault a luy meſme dans l'eſcu de Criſtail qu'ils auoyent apporté, l'emmenerent hors de ce lieu enchanté, juſques au milieu de la ſalle, où ce Guerrier euſt telle honte de ſa jeuneſſe ainſi paſſée, que ſes Carquans luy furent des meurtres reprochables, ſes dorures des taches infames, & ſa demeure voluptueuſe vne funeſte priſon; dont à l'heure meſme il deſira de ſortir. Auſſi la huictieſme planche le repreſente telle tout honteux & furieux tout enſemble briſant ſes cheſnes en paſſant aupres de ce Iardin, qui parauant luy ſembloit entouré de precipices, & fuit auſſi ſoudainement la preſence d'Armide qu'ardamment il en auoit ſouhaitté la veuë.

BALLET

DV ROY.

ARmide accourt esplorée sur les lieux que Renault a laissez, elle voit ses fonteynes taries ses Nymphes muettes ses Monstres chassez, & bref tout son Iardin changé de ce qu'il estoit auparauant, alors cette maison choisie par elle pour ses delices, est le lieu de son desespoir, alors elle esprouue que l'Amour ne s'attache point par d'autres charmes que par les siens, alors dis-je elle aprend que les plaisirs du vice aboutissent a la douleur, & qu'il faut tost ou tard que l'Amour face vn action d'vn dieu qui porte des aysles. Le dépit prend la place de sa bonne volonté, & luy fait appeller ses Demons par des conjurations toutes nouuelles: mais il sembla que ces malicieux ministres aprehendassent de l'aprocher, ou que selon la nature de l'affliction qui appelle les risées de tout le monde, ils prissent plaisir a se mocquer de son inquietude. Tous ces Demons sont pourtraicts en la neufiesme planche, sçauoir trois en forme d'Escreuisse, deux en Tortues, & deux en Limassons, & tous sortirent de dessous des antres obscurs, a mesure qu'Armide (qui est pourtraicte au milieu deux) redoubla ses conjurations.

E

BALLET

DVROY.

L'Enchanteresse depitée de voir ses Demons sous ces formes moqueuses, fit de nouueaux caracteres, proconcea de nouueaux mots, & chanta ces vers faits par Bordier.

GVEDRON.

Vel subit changement! quelles dures nouuelles! Dieux, qu'est-ce que je voy? Osez-vous bien, ô Démons infidelles, Paroistre deuant moy?

BALLET

Esprits les plus trompeurs de l'infernalle bande,
C'est vn faire le faut,
Parlez Demons, Armide vous demande
Qu'est deuenu Renault.

A l'auril de ses ans quelque accident funeste
Seroit-il arriué,
Ou Iupiter en la maison celeste
L'auroit-il enleué?

Non, non, l'amour du change où l'humaine malice
Se laisse aller souuent,
Fait qu'à mon dam son cœur plein d'artifice
A mis la voile au vent.

Quoy donc? ny la beauté, ny les faueurs d'Armide,
(O cruel souuenir!)
Ny les sermens de son ame perfide
Ne l'ont sçeu retenir.

A La fin de ces vers les Demons sortirent de leurs Coques, & parurent de nouueau comme ils sont pourtraicts en la dixiesme planche, sçauoir en formes de Vieilles depuis le nombril en haut, auec grands chapperons à l'antique, ayant la queuë detroussée, vn corcét de satin noir, chamarré d'argent : & du nombril en bas, elles auoyent des culottes à l'antique, de satin incarnad brodé d'or, dont les canons descendoyent jusques au bas des genoux. Ces Vieilles estoyent bottées, & esperonnées, & se peut dire, que (jusques icy) rien ne s'est veu de si bizarre & si plaisant que ce Ballet, Marais estoit celuy qui representoit Armide en ses furies & ses chants, & Belleuille (qui generallement auoit fait tous les Airs & toutes les dances du Ballet) estoit encores le particulier conducteur de tous ses Demons inuoquez. Tous les deux estans assez cognus, n'ont besoing que d'estre nommez pour auoir des loüanges, aussi retourné-je a dire qu'Armide se fit emporter par ces Demons, que son Iardin qui parauant estoit si beau ne deuint plus qu'vne Cauerne deserte, & affreuse aux yeux de ceux qui la virent, que tout trembla, & changea tout ensemble, au transport de cette sorciere, & que tous les Ballets d'entrée finirent en ce changement.

E iij.

BALLET

10

APres vn moment de relafche (pour donner loyfir aux efprits de fe porter à nouueaux objects,) entra dans la falle
vn petit Bois, cy apres pourtraict, dans lequel chantoyent fei-
ze perfonnes veftuës en Caualliers antiques, auec Sallades en
tefte, & grandes plumes pendantes en arriere, qui rempliffoyent
ce petit Bois d'vne diuerfité tres-agreable. Ces Caualliers faifoyent vn concert de Mufique conduit par le fieur Guedron;
veritablement inimitable en fes fçiences: mais particulierement
admiré pour l'inuention de fes beaux Airs. Le Bois, & les hommes fembloyent eftre efmeus par la puiffance d'vn Hermite reprefenté par le Bailly qui fe peut glorifier d'auoir, & d'auoir eu
la plus belle & plus charmeufe voix de fon temps, & cét Hermite tenoit la place du viel Pierre, par la fçience duquel Renault fut deliuré de fa prifon. Les autres Caualliers reprefen-
toyent les Soldats de l'armée de Godeffroy, qui impatiens de
l'eflongnement de Renault, le cherchoyent en chantant ces
vers, faits par Guedron.

BALLET

Apres ces vers, l'Hermite commençoit ce Dialogue, en les aduertissant du retour de Renault.

DIALOGVE ENTRE VN MAGE ET LES SOLDATS.

LE MAGE.

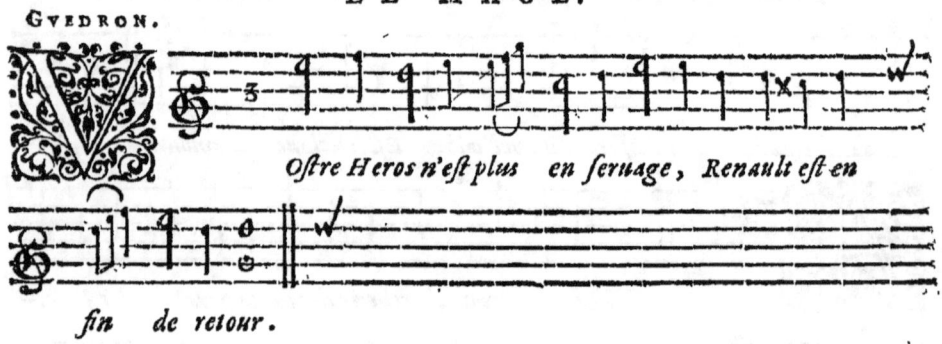

Ostre Heros n'est plus en seruage, Renault est en fin de retour.

BASSE-CONTRE.

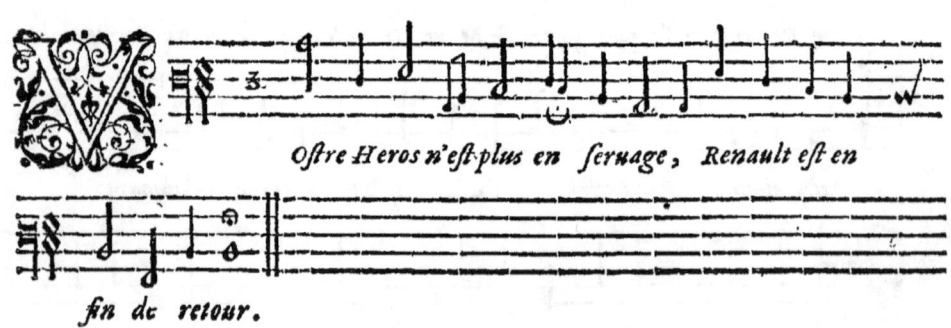

Ostre Heros n'est plus en seruage, Renault est en fin de retour.

Il a banny de sa memoire
L'object du monde le plus beau.

DV ROY.

LES SOLDATS.

L a montré qu'vn grād courage Peut rompre les prisons d'Amour.

HAVTE-CONTRE.

L a montré qu'vn grand courage Peut rompre les prisons d'Amour.

TAILLE.

L a montré qu'ũ grād courage Peut rompre les prisons d'Amour.

BASSE-CONTRE.

L a montré qu'ũ grād courage Peut rōpre les prisons d'Amour.

Vn noble cœur sauue sa gloire,
Et mét ses plaisirs au tombeau.

BALLET

ET ce Dialogue fini se faisoit vne grande Musique du consert du sieur Guedron & de l'autre qui premieremét s'estoit fait admirer sous la conduitte du sieur Mauduit, chacun auoüa que l'Europpe n'a jamais rien ouy de si rauissant, & le nombre de quatrevingt douze voix & de plus de quarante cinq Instrumens, estant joinct ensemble faisoit vn si doux bruit qu'il ne sembloit point reuenir au quart de ce dont il estoit composé. Les vers qui suyuent faits & mis en Air par Guedron, furent ceux qu'ils châterét enséble.

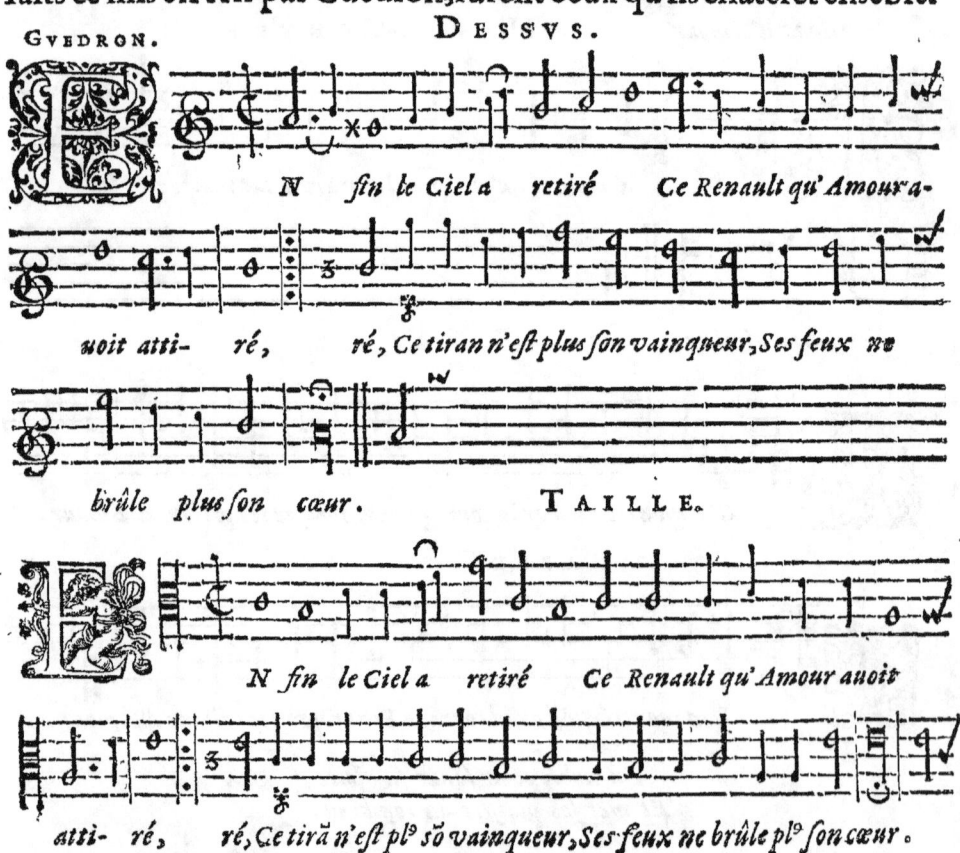

GVEDRON.   DESSVS.

EN fin le Ciel a retiré Ce Renault qu'Amour auoit atti-ré, ré, Ce tiran n'est plus son vainqueur, Ses feux ne brûle plus son cœur.

TAILLE.

EN fin le Ciel a retiré Ce Renault qu'Amour auoit atti-ré, ré, Ce tirã n'est plº sõ vainqueur, Ses feux ne brûle plº son cœur.

En fin la raison de retour,
Se voit en luy triompher de l'Amour.
Ce tiran n'est plus son vainqueur,
Ses feux ne brûle plus son cœur.

Il à quitté cette beauté
Qui n'est riē moins qu'vn soleil en clair-
Vn bel œil n'est pl⁹ son vainqueur, (té,
Ses feux ne brûle plus son cœur.

BALLET

DV ROY.

Tout se changea de soy-mesme à mesure que ce petit Bois se retira. Aux deux costez du theatre s'esleuerent deux grands Palmiers, portant chacun des trophées qui montroyent auoir esté conquis sur les ennemis du nom Chrestien: mais pas vn ne les considera: car la face du milieu ou Godefroy & les chefs de son Armée estoyent assemblez pour se rejouir de l'heureux retour de Renault, atira tant d'yeux a soy, qu'il n'en resta plus pour les trophées. La planche suiuante montre bien quelque chose de sa beauté: mais elle en est pourtant autant eslognée que la pensée des plaisirs est distante de leur realité. Le Roy comme vn autre Godefroy estoit sur vn Trosne dans ce pauillon de toille d'or, regardant au dessous de luy, les mesmes Seigneurs de sa Cour qui l'auoyent accompagné en la representation des Demons, & qui par cette feinte tesmoignoyent la veritable enuie qu'ils auoyent de le suiure en la mesme action qu'ils representoyent. Tous ensemble parurent à mesure que ce grand pauillon se tourna, & comme on a quelque-fois entendu les peuples deuotieusement assemblez, s'escrier vnanimemét en l'aparition de quelque miracle, on ouyt toute l'assemblée donner des aplaudissemens a la veuë de ce pauillon enrichy de si rares personnes. L'esclat des pierreries cacha pour vn temps la majesté des visages, & soudain apres, les visages se faisant conoistre, firent negliger les enrichissemens des habits. Il fut douteux encores si les Masques paroissoyent immobilles pour l'estonnement de voir tant de beautez, ou si les beautez mesmes ne se mouuoyent point de peur de se diuertir tant soit peu de l'agreable veuë des Masques: Mais en fin le Roy donna le signal, chacun descendit pour luy faire place, & tandis qu'il s'auança sur le deuant du theatre les Violons jouèrent le grand Ballet.

BALLET

DV ROY.

CE grand Ballet fut dancé auec tant d'ordre & de difpofition, qu'aucun autre deuant luy ne fe peut vanter de la mefme beauté, vn feul des Françoys ne fe peut tenir de benir le Ciel en la gentilleffe de fon Roy, la majefté qui femble contraire a telles actions eftoit toujours au deuant de fes pas, & la grace n'euft efté que pour luy feul, fi ceux qui l'accompagnoyent ne l'euffent par fois derobée pour faire admirer ce qu'ils faifoyent en l'imitant: mais tous enfemble fe fentirent de la puiffance que fa Majefté euft alors fur les efprits: car ceux qui n'auoyent point de bonne fortune, en aquirent, & ceux qui en auoyent les mirent en point de ne pouuoir eftre perdues. Ainfi le Ballet fe finit & fit paffer vne nuit plus delicieufe, que la plus belle journée du Printemps. Tandis que le grand Bal fe dança, & que chacun s'amufa à lire les vers particuliers que le Roy & les Seigneurs de fa fuitte, donnerent aux dames, fur le perfonnage que chacun d'eux auoit reprefenté aux entrées.

G

BALLET

VERS POVR LE ROY,
REPRESENTANT LE DEMON DV FEV,
DONNEZ A LA REYNE.

Beau soleil de qui je veux
Pour jamais souffrir les feux,
Regarde ou tu me reduis,
Et cognois ce que tu peux
En voyant ce que je suis.

D'autres feux ne sont que jeu,
On les estaint peu à peu
Sans qu'il en paroisse rien :
Mais qui brusle de ton feu
Ne sçauroit cacher le sien.

Aussi ne voudrois-je pas
Qu'on ignorast icy bas
Quelz sont les feux que je sens.
Glorieux est le trépas
Qui vient de traits si puissans.

Si les feux que j'ay sus moy
Pour aller jusques à toy
N'ont pas assez de vigueur,
Pour le moins feront ils foy
De ceux que j'ay dans le cœur.

Mais j'espere quelque jour
Que la justice d'Amour
Ne te pardonnera rien,
Et que ton cœur à son tour
Bruslera comme le mien.

DVRAND.

BALLET
POVR LE ROY, REPRESENTANT
VN ESPRIT ENFLAMÉ.

Q*V'on ne s'estonne point de voir les viues flames,*
Et les diuins rayons mes desirs allumans,
Ce n'est rien de nouueau, si le Soleil des Ames
Embraze de ses feux le Phenix des Amans.

Thetis qui voulut rendre Achile invulnerable,
Plongé dans l'eau du Styx le fit deuenir tel;
Par vn moyen contraire vn Astre fauorable
Purge dedans le feu ce que j'ay de mortel.

Haste-toy, grand Soleil, tu me fais trop attendre,
Car puis que le Phenix est par tout renommé
De renaistre plus beau quand il est mis en cendre,
Mon corps ne sçauroit estre assez tost consommé.

BORDIER.

DV ROY.

POVR MONSIEVR DE LVYNES
REPRESENTANT RENAVLT,
au Ballet du Roy.

Vand la ruse d'vn Grec vint presenter des armes
Aux yeux d'vn grand Heros amoly par des charmes
Pour l'attirer aux mains auecques l'ennemy :
Ces armes dont Achile alors ne tenoit compte,
Comme dans vn miroüer luy firent voir sa honte,
Qui reueilla soudain son courage endormy.

Le mesme est de Renault qui mouroit par Armide :
Ses yeux cessent d'auoir vn aueugle pour guide :
Son cœur n'obeït plus au vouloir d'vn Enfant :
Et son front glorieux que le Myrte enuironne,
N'aspire qu'aux Lauriers dont la riche couronne
Des siecles à venir le rendra triomphant.

Il contemple vne flame & plus claire & plus nette
Que la flame qu'espand l'amoureuse planette
Dont le rayon trompeur perd les plus grands cerueaux,
Il vogue en vne mer dont la guerre est l'orage,
Et du celeste feu qui guide son courage
MARIE & GODEFROY sont les Astres jumeaux.

BORDIER.

BALLET

POVR MONSIEVR LE CHEVALIER
DE VENDOSME,
representant vn Esprit aquatique.

D'Ou puis-je attendre qu'il succede
A mes ennuis quelque remede,
Puis qu'vn Dieu cause mes tourmens,
Et que l'espoir dont je me flatte
Se voit d'vne façon ingratte
Trahy mesmes des Elemens?

J'ay creu que ma flame secrette,
Dans l'onde où j'ay fait ma retraitte
Pourroit s'amortir peu à peu:
Mais las! telle est mon aduenture,
Que contre l'ordre de nature
L'eau s'accorde auecques le feu.

Jamais mon ardeur ne s'appaise,
Les glaçons se changent en braise
Par les rayons de deux beaux yeux,
Dont le feu qui dans l'eau s'allume
Ne peut en fin qu'il ne consume
Et l'onde, & la terre, & les Cieux.

BORDIER.

DV ROY.
POVR MONSIEVR DE MONPOVLLAN
REPRESENTANT VN ESPRIT AERIEN.

JE ne suis point icy plein d'aisles arriué
   Pour estre mis au rang des Amans infidelles :
   Mais pour montrer que j'ayme en lieu si releué,
Que pour y paruenir il faut auoir des aisles.

Cher Astre, ô beau Soleil qui me donnes le jour,
   Je sçay bien que la Seine vn tombeau me prepare :
   Si ne puis je arrester le vol de mon Amour,
Bien qu'il soit menacé de la cheute d'Icare.

Le Ciel, où mes desirs se veulent esleuer,
   Ne les estonne point de la peur du supplice :
   Car le plus grand honneur qu'il leur puisse arriuer
Ce sera de tomber d'vn si haut precipice.

BORDIER.

BALLET
POVR MONSIEVR LE CONTE
DE LA ROCHE-GVION
REPRESENTANT LE DEMON DE LA CHASSE.

INéuitables nœuds des ames,
Beautez doux fillets des esprits,
Auãt que d'auoir veu vos flames
Je tenois vos cours à mespris.
Je voyois les Cerfs aux gagnages
Viander les menus Herbages,
Dont Cerez se fait des atours
Quand le froid amant Doritye
Guette les fleurs à leur sortie
Pour les porter à ses amours.

Quand le jour cessoit de paroistre
J'estois contant d'auoir treuué
Le Veneur qui sçauoit cognoistre
Ou le Cerf s'estoit releué,
Je luy faisois voir son issuë,
Je luy mettois souuent à veuë,
Je l'allois destourner pour luy,
Et le menant à ses demeures,
Je luy montrois a quelles heures
Il auroit parfait son ressuy.

Je prenois du plaisir aux questes,
Et suyuois les Veneurs accords,
Qui par les pieds jugeant des testes
Sçauoyent bien enceindre les forts
J'aymois à voir vne assemblée
Ou d'vne chere redoublée
On trompoit le chaud ou le froid,
Et d'ou les meuttes bien conduittes
Vne fois mises sur les fuittes
Ne sortoyent jamais de leur droit.

Bref je passois mile journées
A regarder mes fauoris
Suiuant les Chiens par les menées
Demesler bien les houruaris,
Et n'aymois riẽ qu'ũ lieu chãpestre
Quãd les Demõs qui souloyẽt estre
Au Jardin d'Armide enfermez,
Reuoltez de leur foy promise
Auec moy firent l'entreprise
De voir ces lieux si renommez.

Mais ô Dieux de combien je treuue
    Les Bois differens de la Cour,
    Que de beautez seruent de preuue
    Qu'icy sont les Chasses d'amour,
    Au lieu d'essayer a surprendre
    Il ne faut penser qu'à se rendre,
    Et si le nombre des esprits
    Semble faciliter le change,
    On trouue que tout leur meslange
    Est encor plus pres d'estre pris.

Icy l'on tient en bonne estime
    Celuy qui sçait bien redresser,
    On croit le picqueur magnanime
    Qui court long temps sãs se lasser:
    Mais je treuue bien fort a dire
    Que le gibbier s'y prenne a rire
    Quand il à rendu ses abbois,
    Et que les bestes couronnées
    Par le changement des années
    Ne se deffont point de leurs bois.

Encor treuuay-je plus estrange
    Que le Veneur le plus rusé,
    Ou par la fuitte ou par le change
    Soit toujours en fin abusé,
    Et que son but soit son seruage,

Comme si pour luy faire outrage
    Cupidon auoit entrepris
    De punir cette audace extresme
    Qui s'adresse à la meutte mesme
    Dont il chasse apres les esprits.

Mais bien que la prison soit rude
    Aux esprits nourris dãs les bois,
    J'ayme mieux telle seruitude
    Que la liberté que j'auois.
    Je tiens à plus grand auantage
    De mourir pour vn beau visage
    Que de tirer mile animaux,
    Et pourueu qu'õ me daigne prẽdre
    On ne se doit jamais attendre
    De m'ouir plaindre de mes maux.

Que Renault s'eschappe d'Armide,
    Qu'il change s'il veut de maison,
    Je ne puis plus estre son guide
    Puis que je suis mis en prison :
    Que mes meutles soyent escartées,
    Que mes forests soyent desertées,
    Je n'en ay plus aucun soucy.
    Et desormais je ne puis croire
    Qu'õ puisse auoir plaisir ny gloire
    En autre lieu qu'en cettuy cy.

DVRAND.

H

BALLET.

POVR M. LE GENERAL DES GALERES
REPRESENTANT LE DEMON DES FOVX.

Est il quelqu'vn qui puiße dire
 N'immoller point sur mes autels,
 Et le jour void il des mortels
 Sur qui je n'aye quelque empire.

Ceux qui pour mesurer les Astres
 Nuit & jour guettêt par des trous,
 Et ne viuent qu'en Loups garoux
 Ne sont-ils pas mes idolastres ?

Ces rimeurs qui par des paroles
 Pensent suruiure à l'Vniuers,
 Et vifs sont rongez par les vers,
 Ne vont-ils pas à mes escolles ?

Et ceux là qui dans les miseres,
 La faim, la soif, la pauureté,
 Combattent pour la vanité,
 Ne sont-ils pas mes tributaires ?

Ouy, ouy, nulle ame ne s'allie,
 Et ne se joint a son suppost,
 Qu'elle ne reçoiue aussi tost
 Quelque impression de follie.

Mais parmy ceux qui me caressent
 Les Courtisans ont le dessus, (ceus
 Et tous leurs vœux sont mieux re-
 Que ceux que les autres m'adres-
        (sent.

A toute heure en branlant la teste,
 Et d'un serment bien inuenté,
 D'vne incomparable beauté
 Chacun d'eux vante la conqueste.

Mais sur tout j'ayme ces tirades
 Qu'ils font de la jabe & du corps,
 Et ris de voir les plus accords
 Estre souuent les plus malades.

 Aussi sortay-je de ma grotte,
 Et viens d'vn bout de l'Vniuers
 Leur faire vn present de ces vers,
 Et leur donner vne Marotte.

      DVRAND.

DV ROY.

POVR MONSIEVR DE LIANCOVRT
REPRESENTANT VN ESPRIT FOLLET.

L'Humeur extrauagante où nul fol ne m'esgalle,
Fait cognoistre que j'ayme vn objet si charmant
Que sa beauté diuine est vn nouueau Dedale,
Où les plus beaux esprits se perdent en aymant.

Qui ne perdroit le sens en voyant ma Maistresse?
Si le Ciel l'eust fait naistre en l'antique saison,
On ne parleroit point des sept Sages de Grece :
Car son œil plein d'appas eust troublé leur raison.

Vn Cheuallier volant apporta la fiolle,
Dont Roland eut moyen de reuenir à soy :
Mais helas! je crains bien qu'en l'amour qui m'affolle,
La faueur de Daphné n'ait point d'aisles pour moy.

BORDIER.

POVR MONSIEVR DE BLEINVILLE
REPRESENTANT LE IEV.

Viuy d'vn tas de mal-contens,
Je suis par tout en mesme temps,
Nulle puissance ne m'esgalle :
Mon pouuoir s'estend sur les Rois,
J'ay pour demeure principalle
La Forest de six quatre & trois.

BALLET

Mile blasphemes sont ses fleurs,
Mile souspirs suiuis de pleurs,
Sont ses Zephirs & ses fonteines:
Le sejour en est si fatal,
Que ses routes les plus certaines
Aboutissent à l'Hospital.

Ne cherchez point, ô jeunes gens,
Ceste Forest, où les Sergens
Vous pouroyĕt côter vostre game:
Mais en ma maison de plaisir
Qui se nomme le trou Madame,
Allez passer vostre loisir.

BORDIER.

POVR MONSIEVR DE CHALLAIS
REPRESENTANT VN ESPRIT AVARE.

EN terre & sur les eaux je pratique aujourd'huy,
Tout ce que l'auarice apprend en ces escolles,
Du matin jusqu'au soir je chasse au bien d'autruy,
Et l'amour que je fay c'est aux seules pistolles.

Mes porteurs de poulets sont toujours des Sergens,
Greffiers & Procureurs sont mes vrais Secretaires,
De l'humeur dont je suis j'oblige force gens,
Il est bien vray que c'est par deuant des Notaires.

Ie cheris tellement la couleur de l'escu;
Sur tout lors que son poids emporte la balance,
Que je prendrois plaisir à deuenir cocu,
Si les cocus portoyent des cornes d'abondance.

BORDIER.

DV ROY.

POVR MONSIEVR DE HVMIERES
REPRESENTANT LE DEMON DES VILLAGEOISES.

Belles lumieres de la terre,
Je viens pour declarer la guerre
Aux vanitez de vos desirs,
Et faire auoüer à vous mesmes
Qu'autãt que vos maux sõt extres-
Autãt sõt parfaits vos plaisirs. (mes,

Toute douceur vous est amere,
Souuent la rigueur d'vne Mere
Vo⁹ fait suiure vn vieil imparfait,
Et si quelqu'vne est plus hardie,
Elle ne peut sans qu'on le die
Se rejoüir d'auoir bien fait.

Mais les filles de la Campagne,
Sans qu'aucun mal les accõpagne,
Cognoisse l'amour comme il est,
Et des que ce dieu les affolle
Je leur faits sans qu'on en cajolle
Dõner leur cœur à qui leur plaist.

Croyez moy suiuez ma doctrine,
Sãs qu'aucũ respec vous chagrine,
Venez esguayer vos esprits,
Et vous joüer à la rustique,
Si vous n'en sçauez la pratique,
Je vous l'auray bien tost apris.

DVRAND.

H iij

BALLET
POVR MONSIEVR DE COVRTANVAVLT
REPRESENTANT VN ESPRIT AERIEN.

Vi le nom de leger me voudra reprocher,
Apprenne qu'Angelique eut long temps la puissance
De rendre mon amour plus ferme qu'vn rocher,
Et qu'en fin ses rigueurs ont forcé ma constance.
L'or de ses beaux cheueux croyoit, non sans raison,
Me tenir attaché de chaisnes eternelles :
Mais la belle auoit mis vn Dedale en prison,
Qui sçait rompre ses fers & se forger des aisles.
Las ! je crains que l'Amour d'vn puissant aiguillon
Ne reblesse mes sens comme il a de coustume,
Et que mon cœur volant ne soit vn papillon
Qui dans le feu qu'il fuit à la fin se consume.

BORDIER.

POVR MONSIEVR LE CONTE
DE LA ROCHE-FOVCAVLT,
representant vn Esprit vain.

Ce ne sont que Cesars dont je suis le vainqueur,
Ce ne sont que Venus dont je fay la conqueste,
L'Air n'a point tant de feu que j'en ay dans le cœur,
Ny la Mer tant de vent que j'en ay dans la teste.
Ce qu'ordinairement je medite à la Cour,
Ce sont inuentions de despenses nouuelles,
Et les difficultez que je trouue en Amour
Viennent du choix que i'ay des Dames les plus belles.

DV ROY.

Vn bon-heur eternel à mon merite joinct,
Est tel que tout me rit soit en paix, soit en guerre :
Il est vray que le Ciel m'est injuste en vn point,
De ce qu'il me reduit à marcher sur la terre.

BORDIER.

POVR MONSIEVR DE BRANTES,
REPRESENTANT VN MORE.
AVX DAMES.

N'Imaginez pas, ô beaux yeux,
Que l'Astre qui luit dans les Cieux
M'ait rendu le visage More,
Le feu trop vif à mon malheur
Qui m'a noircy de sa chaleur,
Vient de la beauté que j'adore.
Si ce beau feu que rien n'esteint,
N'auoit attaqué que mon teint,
Mon heur ne se pourroit comprendre :
Mais tel qu'vn puissant ennemy
Qui jamais n'offense à demy,
Il a reduit mon cœur en cendre.
En ce cruel embrasement,
Ce que je plains incessamment
N'est point tant mon propre dommage,
Que de ce que l'œil mon vainqueur
Dont j'auois le portraict au cœur,
N'a point espargné son image.

BORDIER.

BALLET
POVR MONSIEVR LE BARON
DE PALLVAV,
REPRESENTANT VN ESPRIT RODOMONT.

MEs parfums sont l'odeur de la poudre à canon,
J'ay les champs pour maison, & pour lit des tranchées,
La terre est un Echo, qui ne parle sinon
Des Palmes qu'aux Cesars mes faits ont arrachées.

Caron las de passer tous ceux que le malheur
Fait trouuer au deuant de mes armes meurtrieres,
Maudit le bras fatal dont ma grande valeur
Fait paslir les mortels, & rougir les riuieres.

Je voy bien que la terre est le dernier degré
Où se vont arrester mes conquestes nouuelles :
Que le Ciel toutes-fois ne m'en sçache aucun gré,
Si je ne l'assaus point c'est à faute d'eschelles.

BORDIER.

DV ROY.

VERS
REPRESENTANT LES CHEVALLIERS
DE LA TERRE SAINCTE.

A LA REYNE MERE DE SA MAIESTÉ.

Ces braues Cheualliers, qui jugent que la France
Sous l'appuy de vos loix peut viure en asseurance
De ne plus retomber aux maux qu'elle a soufferts,
Vont au loin, Grande REYNE, où l'honneur les appelle,
Pour combattre l'orgueil de ce Prince infidelle,
Qui tient la Palestine esclaue dans ses fers.

Leurs inuincibles cœurs surmontez par les armes
Qu'eslancent de beaux yeux pleins de feux & de charmes,
Ne souloyent adorer que l'enfant de Cypris :
Maintenant le Dieu Mars reçoit tous leurs hommages,
Et l'amour des Lauriers force leurs grands courages,
De quitter les combats dont le Myrte est le prix.

Amour qui fait toujours des efforts inutiles
Pour amolir les cœurs de ces nouueaux Achiles,
Leur fait voir des beautez qui charmeroyent les Dieux :
Mais le desir qu'ils ont d'estre mis en l'histoire,
Ne contemple sinon l'image de la Gloire,
Que le Dieu des combats leur met deuant les yeux.

I

BALLET

Quoy! ces rares beautez receuront donc la honte
De voir que leurs Amans n'en tiennent plus de conte,
Et se laissent aller à de nouueaux appas?
Non, ils ont beau quitter leurs prouinces natales,
Le feu qui les consomme est le feu des Vestales,
Si rien l'esteint jamais ce sera le trespas.

Mais ils ont quand & quand le cœur trop magnanime
Pour languir en repos, & se voir en estime
De jeunes Adonis qui craignent les hazards :
Aymant mieux que des coups leurs visages meurtrissent,
Pourueu qu'estans vainqueurs leurs Dames les cherissent
De mesme que Venus cherissoit le Dieu Mars.

Ils marchent sous vn chef issu de telle race,
Que si l'ambition le portoit en la Trace
Le Dieu qui la deffend s'y verroit plein d'effroy.
Quel insensé peut donc mettre en sa fantaisie,
Que le puissant Demon protecteur de l'Asie,
Ne se cache au seul bruit du nom de Godefroy?

BORDIER.

DV ROY.

POVR ARMIDE CONTENTE
DE POSSEDER RENAVLT.

Ô Dieux! quel est le Sort dont je suis poursuiuie?
   Qui permét que Renault, ce redouté vainqueur,
   A qui mes passions vouloyent oster la vie,
Endormi qu'il estoit m'ayt desrobbé le cœur?

Mes deux mains conspiroyent de luy meurtrir la face,
   Quand mes yeux le voyant & si jeune & si beau,
   Les firent consentir à luy destiner place
Plustost dedans mon cœur que dedans vn tombeau.

L'impatiente soif de ma juste colere
   Du plus pur de son sang se deuoit appaiser.
   Estrange changement! voyant mon aduersaire
De peur de l'éueiller je n'osay le baiser.

Soleil, vis tu jamais de pareilles lumieres
   A celles que cét Ange alluma dans les Cieux,
   Alors que son réueil desferma deux paupieres
Qui seruoyent de nuage aux rayons de ses yeux?

Ces beaux yeux tout diuins, dont la douce influence
   Vn printemps eternel dans les ames produit,
   Firent naistre en mon cœur mile fleurs d'esperance,
Qui par mile baisers se changerent en fruit.

                          BORDIER.
FIN.

EXTRAIT DV PRIVILEGE.

PAR LETTRES PATENTES DV ROY données à Fontainebleau le seisiesme jour d'Octobre, l'An de grace Mil six cens vnze, & de nostre reigne le deuxiesme. Signées PAR LE ROY EN SON CONSEIL, LARDY: & sceellées du grand sceau en cire jaune sur simple queuë, confirmatiues à d'autres precedentes. Il est permis à Pierre Ballard, Imprimeur de Musique de sa Majesté, d'imprimer, faire imprimer, vendre & distribuer toute sorte de Musique tant voccale qu'instrumentale, de quelque Autheur que ce soit. Faisans deffences à tous autres libraires & Imprimeurs de quelque condition & qualité qu'ils soyent, d'imprimer, faire imprimer, extraire partie d'icelle par quelque maniere que ce soit, ny mesme vendre ny distribuer en general ne particulier, les liures de Musique & autres, imprimés & à imprimer par ledit Ballard, sans son congé & permission, sur peine de confiscation desdits liures, despens, dommages, interéts & d'amende arbitraire: ainsi qu'il est plus amplement déclaré esdittes lettres: & ce pour le temps de dix années, à commencer du jour que les liures seront acheués d'imprimer, n'onobstant toutes lettres impetrées ou à impetrer a ce contraires. Saditte Majesté veut sans autre signification ne formalité, l'extrait d'icelles mis au commencement ou fin de chacun desdits liures, estre tenues pour bien & deuëment signifiées à tous qu'il apartiendra.

www.ingramcontent.com/pod-product-compliance
Lightning Source LLC
LaVergne TN
LVHW022114080426
835511LV00007B/820